宗師
法教

禪

1983-2013　　靈鷲山教育院/彙編

靈鷲山30週年山誌
Ling Jiou Mountain 30th Anniversary Edition

序

　　全球化的巨輪不斷地向前滾動，古往今來的歲月流轉輝映出不同的時代面貌。初上靈鷲山至今，已經是三十年的光陰了。

　　回首三十年來的歲月，靈鷲山能夠從無到有，自微而壯，以禪立宗，以心傳心，弘揚佛陀無上微妙法義於當代娑婆，賡續祖師珠璣法教宗風於四眾學子，並承繼太虛大師和虛雲法師的禪行志業。都要感謝諸佛菩薩的慈悲加被，以及所有善信大德的護持擁戴。在大家的共同發心努力下，方能譜下一段段用汗水辛勤播種、用正念面對橫逆、用願力成就一切的靈鷲山故事。

　　早年我因為閉關往返於宜蘭臺北之間，看到東北角的地理氣場，我感到這裡似乎有一大緣起的道場，後來因緣際會踏上這一片土地，讓我可以度過危險的斷食關，雖然眼前是一片荒蕪叢林，但靈氣十足，度眾的緣起也打開了。秉持著修行人對諸佛菩薩的使命傳承，以及對眾生關懷護念而來的無盡願力，讓我和十方善信弟子，毅然在此開墾生根。大家從零開始，齊心協力，披荊斬棘，一步步地把這一片杳無人跡的荒山，打造成佛子往來不絕的人間佛土。從祖師殿到華藏海，一石一瓦寫下靈鷲人共同的記憶；從多羅觀音到毗盧觀音的交流，串聯靈鷲山與南海觀音道場的一脈相承；而從靈鷲山總本山禪堂到全球禪修中心的延伸，更是勾勒華嚴聖山計畫的藍圖座標。

　　我是一個觀音法門的行者，這三十年來的修行弘法，願力就是關鍵，這份願力源自於禪的體悟，也得以舒展因緣而呈現出華嚴的志業，總攝是觀音的教化啟示，觀音的示現都是時代所需的啟動。禪修，讓我透澈無常生滅背後的生命實相，並體悟到生命之間彼此是一個相互關聯的共同體。成立道場以來，我們以「慈悲與禪」作為宗風，引導大眾從心的修持觀照中轉化出關懷濟世的菩提願心，並以此利生度化，終而成就共生圓融，多元和諧的華嚴淨土，這是行願貫徹的自然展現。

　　從一個人的體悟逐漸善緣具足，籌組護法會、成立各基金會，推動禪修、法會、朝聖、生命關懷來連結大眾的生活實踐。隨著開山的緣起流轉，創辦世界宗教博物館是一個重要里程碑，宗博宣揚「尊重、包容、博愛」理念，因應時代的挑戰與衝擊，促進國際間宗教對話與交流合作，共築「愛與和平，地球一家」的願景，這樣的特殊志業帶動了社會的生命教育，也把禪修內修的身心鍛鍊變成人人可以當下修行的「平安禪」，更進而擴大為「寧靜運動」，為五濁世間灌入禪修清靜祥和能量。這些循環連結點點滴滴的美好記憶，今後也將持續不懈地進行下去。

　　宗教修持以身教為主，教育是僧信循環的根本，僧信就是師徒教育，就是做聖凡的轉換機制，我將自己的修學歷程和禪修體證融會到佛陀的教育，歸納為僧信四期教育體系，希望從最初僧格養成的「阿含期」到最終培養住持導師的「華嚴期」，次第教導，培育更多佛門龍象從事弘法度眾的志業，從僧眾到居士幹部都歸同一核心修持。落實個人實踐「工作即修行，生活即福田」的生活禪理念，體認「生命服務生命、生命奉獻生命」的真諦，貫串到僧信循環，這樣具足生命關懷與回歸靈性的教育，就是生命和平大學的基本盤，進而還要以這樣的教育平臺來回應時代發展，培養覺醒生命的「愛與和平」種子，從心的和平延伸成整個世界的和平。

　　經過三十年的風雨陰晴，我們要更省視並確定自己的腳步，以此「立禪風、傳心燈」，把這份心的見證作為傳承法脈的基因，持續努力灌溉慈悲的遍滿，變成生命和平大學。讓我們持續串聯無數的三十年，來創造「華嚴聖山」無盡圓融。這是我的願力，也是這個時代的需要。

靈鷲山佛教教團

開山和尚　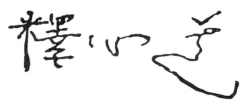

目錄

壹、深耕世界和平之路的現代禪師──開山和尚心道法師簡介

一、回顧三十

三十年前,無生道場所在的靈鷲山,仍是一片荒野,寂寂深山中,只有一個清瘦、蓄鬚的法師,蕭穆嚴靜,他剛從山洞裡的斷食閉關出來,座下有幾名剛出家的弟子隨侍在旁,在此打坐、讀經、禮佛,偶而接待零星來山的信眾,這些信眾從一條尚未開墾的山路徒步上來,扛著水泥或提著一桶一桶的砂石上山探望法師與請法。

山居的修行生活,一切是這樣的看似平靜與微不足道,也看不出這跟外面的世界有何相關。而在世界的另一邊,三十年前,也就是一九八四年,蘋果公司推出了劃時代的麥金塔電腦;突尼西亞因糧食漲價發生騷亂事件;印度發生博帕爾毒氣洩漏慘案;中國第一家股份制企業北京天橋百貨股份有限公司成立;波

斯灣兩伊戰爭仍在激烈地持續；一份英國研究報告顯示南極上空的大氣臭氧含量約減少百分之四十，翌年聯合國二十八個國家簽訂「保護臭氧層維也納公約」……等。世界正以前所未有的速度急遽改變，例如資訊時代、糧食危機、環境破壞、宗教矛盾引發的戰爭等等。而在山中生活的法師，似乎早已預見了這一切，因為他，一個默默無聞、

一九八三年來到福隆荖蘭山，於法華洞內續行斷食閉關。

清簡又無眾多弟子的一介出家人，在五年之後，向全世界的人宣布一個超越時人想像的創舉：要創立一所倡導「愛與和平、地球一家」精神的「世界宗教博物館」！

這個全球首座的「世界宗教博物館」，於二○○一年十一月九日開館，它耗用了十年的時間與累積數十萬信眾的力量而成，且在二○○○年聯合國的「千禧年宗教及精神領袖世界和平高峰會議」（Millennium World

開山初期，大殿施工。

Peace Summit of Religious and Spiritual Leaders）中，這位法師談到所籌建的博物館時，受到在場全球各宗教領袖的鼓掌致敬！

這位法師，從三十年前就一直陪伴我們，引領大眾去重視內在的靈性，帶我們認識痛苦與煩惱的真相，且不斷殷殷教誨、啟迪我們，發起願力去幫助所有需要幫助的人，且最重要的，只有內在和平了，才會有真正的世界和平！他，就是靈鷲山開山和尚心道法師。

如今，三十年過去了，靈鷲山茁壯了，四眾弟子們也成長了，但心道法師仍孜孜不倦教誨海內外信眾，不斷奔波全球各地用真心去串起和平的善緣，哪怕距離世界和平的那一天尚遠，心道法師的法教與身影仍不斷地提醒我們，只有去實踐，只有用愛心，愈是難行苦行的，愈能成就我們的覺醒，才可望帶給他人離苦的力量！

二、修行與體證

　　心道法師於十三歲隨游擊隊從緬甸來臺，除了幾個同鄉袍澤之外，一無所有。自幼，他目睹世間生離死別之苦，以及親歷戰爭的禍害，這些經歷讓他反思生命的意義，也體會到生命的奇蹟與和平的可貴。在遍嚐人生的苦境之際，心道法師聽聞觀音聖號即心有所感地潸然淚下，那就像是汪洋中一個唯一可依靠的臂彎。心道法師曾言他與觀音菩薩有特殊因緣，日後的修行法門與弘法皆以觀音為依歸。

　　二十五歲那年，心道法師在佛光山出家，之後砥礪精進禪修，追隨古德的腳步，用一己的生命來證實真理，效法觀音菩薩的悲願來救拔所有眾生的苦。

就讀叢林大學時與星雲大師、師兄弟合影
（前排右三為心道法師）

於墳塚環繞的骨塔苦行，體悟生死如幻。

　　塚間苦修十年、斷食閉關兩年，心道法師經歷了外人難以想像的體驗，在生死一口氣之間，不斷照明眾生本有的覺性，是那麼樣朗朗然、不受軀體之苦的影響，獨耀常存。在這證知真理的過程中，心道法師體悟到一體的生命，發現生命與生命之間相互關聯的共存關係，而自然升起悲憫的平等大愛精神。心道法師說：「在孤獨的修行中，我發現清淨無染的靈性世界，也從苦行中體會到貪瞋癡慢疑只是執著的自我幻相，在般若無礙、般若無執的智慧觀照下，一切皆是空性的顯現，也因此超越了差別的苦，體會生命一體、平等的愛。」

　　這個根本、寧靜的力量，心道法師說我們每個人都有，只是還沒有去看到、體證到。心道法師以自己的修行過程來對我們顯示佛法的真實與珍貴，並告訴我們覺醒所產生的力量，是愛，是慈悲與寬容。

　　心道法師三十七歲出關之後，看到許多來山問道者的迷惑與痛苦，以及現代社會與全球資訊化時代所引發的焦慮與衝突，尋思身為一個修行人該如何奉獻一己的生命，引領四眾弟子加入救濟世界的行列。

　　心道法師最大的心願，就是打造一個和諧、共存共榮的「華嚴世界」。這個「華嚴世界」代表了心道法師在經歷漫長苦修的過程之後，所體會到的生命與宇宙真相，也就是祖師大德們所言表的大圓滿境界。在這聖境裡，一切都是相依相存與互為彰顯，而我們彼此的生命條件，就是慈悲與善念。

年輕的心道法師於龍潭湖畔的如幻山房（寂光寺）

三、和平的志業

　　三十年來，心道法師接引無數海內外信眾，成就大眾學佛的因緣，與開展和平的志業。首先，一九八四年建設「無生道場」，開顯心道法師深刻體會「無生之生」的意涵。「無生」是指諸法無實，無生無滅。自此，心道法師於福隆靈鷲山上開山演教，以「慈悲與禪」為宗風行持，以觀音菩薩的大悲願力接引有緣眾生，開展弘法度眾的菩薩道志業。又因與南傳及藏傳佛教的殊勝因緣，心道法師兼納三乘法脈，以應機普世弘揚三乘為靈鷲山的使命。

　　接著，心道法師帶領靈鷲山以打造「華嚴世界」的和平志業為目標，從推廣禪修、建立世界宗教博物館、舉辦跨宗教交流、成立三乘佛學院、建設華嚴聖

一九九四年十月，緬甸國師烏郭達剌為心道法師授南傳三壇大戒。

二〇〇二年四月，藏傳寧瑪噶陀傳承的毗盧仁波切主持心道法師陞座大典。

心道法師於佛光山星雲大師座下剃度　　　　　　　　　　　　　　獲本煥老和尚印可為臨濟傳人

山，到各項慈善事業等，企盼能在新世紀中，以佛法
深蘊的力量，結合其他宗教與非營利事業組織，共同
創造世界的永續和平與安定，實踐華嚴世界共存共榮
的願景。

　　心道法師認為，尋究人與人、族群與族群、人類
與萬物之間的衝突，根源在於「心」，心的轉化，是
解決一切衝突與痛苦的根本所在。認為「當前苦難的
根源，不管是天災或是人禍，都與人心有著密不可分
的關係。人心的種種負面思考，轉化成行動的結果，
讓各種悲劇不斷循環發生。無論是戰爭或是環境破
壞，都來自人心的貪慾與瞋恨。」因此，如何從根本
之處的「心」，來導正人們，讓地球所有眾生得以在
地球上和諧共生，為心道法師的思想核心。心道法師
以禪作為守護自心的根本，運用禪修剖析心性，覺悟
本心。唯有人心和平，世界才能真正和平。因此，面

處處安心、處處攝心，
開山初期的草寮禪堂。

對當今科技快速發展之資訊社會所帶來的生活壓力，以及種種煩躁、憂鬱、恐慌等心理症狀，心道法師主張需以禪修所產生的安定、自然和諧之能量來予以轉化。

心道法師開示：「**禪修，不是一種信仰，它是一種進入心靈的方法，如能探討這個方法，我們將會有很大的能量，這個心的能量是一個不可思議的力量。**」他不斷鼓勵大眾學習禪修，推動簡單可行的平安禪，為了讓更多人了解禪修的利益，從二〇〇三年開始舉行「萬人禪修」，而到二〇〇八年又擴展為「寧靜運動」，期許從每個人內心的寧靜和平，滋養出生命一體的大愛精神，從而讓每個人成為和平的種子，讓地球真正和諧平安。

從世界宗教博物館落成之後，心道法師致力於開創「華嚴聖山」。建設華嚴聖山，主要目的是在傳承佛法，推動和平，讓佛法的智慧來涵養大眾的靈性。心道法師希冀藉由華嚴聖山計畫的推廣，「緣

起成佛，大悲周遍」，促使人人以每個當下為一個緣起，只要發願自利利他，行菩薩道，啟發眾生的一念善心，時時撒播成佛種子，讓愛心周遍，未來就有成佛的連結，成就人間淨土。心道法師說：「為了讓心靈得到安定、轉化，讓地球家共生共榮，串聯推廣『愛地球、愛和平』這個共識，而來建設這座華嚴聖山。」

展望未來，心道法師正積極推動「生命和平大學計畫」，以生命教育為宗旨，透過深度的靈性教育，使學習者了解到眾生皆為「生命共同體」，透過生命關懷與禪修、心性的實踐，藉由各宗教的靈性觀與修行法門，以完整的認知與實踐方法，達到內心和諧、朝向自我生命的轉化；以心為出發點，透過多元、對話、覺察的學習方式，培養開闊的心胸，豐富自身靈

從萬人禪修到寧靜運動，心道法師期許「心和平，世界就和平」（圖為二○○三年萬人禪修）。

性的全人教育，期望成為地球和諧的推進器，打造人間淨土。心道法師相信，未來，必須靠教育的傳承，佛法與各宗教的智慧才能在新世代得到共鳴與發揚，終究，生命是生生世世的，智慧的靈性種子也必須生生世世地傳遞下去。

心道法師一路走來，皆以觀音菩薩為依止，用禪的明心見性，感悟佛陀智慧，體悟到人我一體的華嚴世界。其以禪師形象行走人間，致力於「愛與和平，地球一家」以及生命教育的推廣，所做的一切只為啟發眾生的本來心燈，使人們都能回歸自身的心靈原點，實踐「心和平，世界就和平」理念。二〇一三年乃靈鷲山開山三十年，心道法師總結過往歷程，提出「立禪風，傳心燈」作為靈鷲山三十週年的成果報告，這也是心道法師對自身多年來致力於行走菩薩道的呈現。

貳、禪示什麼？

禪　是我們身中的燈

立禪風　傳心燈　就是傳這盞永不熄滅的心燈——

直指人心　見性成佛！！

禪修

就是要明心見性　開悟成佛

明什麼心？開什麼悟？

這要從佛陀的根本思想見地

作為準則去修行、去參悟

佛陀在印度靈鷲山拈花示眾，迦葉就微笑領悟了

到底佛陀拈花傳達什麼？

大迦葉又為什麼會笑？

這就是禪的起源，以心印心、以心見心、以心傳心

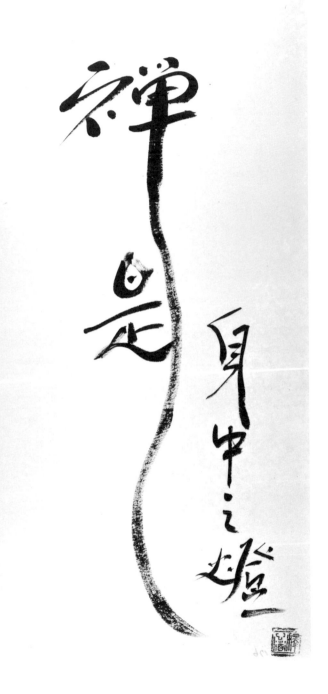

禪怎麼傳？

禪是應物現形

我們的本來面目　見物現形

佛陀手拈金波羅花

我們看見這朵花　顯現我們的覺性

佛以物應心而拈花　迦葉以心見性而展笑顏

既然以心印心　以心見心

佛對大迦葉講

我有正法眼藏　這即是正法的傳承與見地

所要傳的就是涅槃妙心

涅槃妙心的原則是實相無相

唯有從實相無相去契合

才能證悟到涅槃妙心

「離」一切語言文字、「離」一切有形之相

在「離」當中　去找尋與明悟

明悟我們的本來面目

直到全體脫落　得大自在

這是禪的證悟境界

所以

「吾有正法眼藏　涅槃妙心　實相無相

付囑於摩訶迦葉」

是「禪」的法則　是「自性心源」的道路

是以心傳心　教外別傳的禪宗心法！

參、禪法

一、禪修──觀自在

禪修在做什麼？

禪修呢？要觀自在。

什麼讓你們不自在？

你們在打坐時，什麼東西不自在？

那個腿不自在、身體感覺無法降伏讓你不自在、

你們的心東跑西跑、東溜西溜，四處竄流，不自在？

所以，要用禪修來攝心，

把心攝在哪裡？

把心攝在心！

這顆心？很難懂。

清楚、明白的「這個」就叫做心。

（一）從出入息

守著出息、入息，

讓自己的出、入息清楚、明白。

顧好每一個出、入息，

讓它不要跑掉了，

讓它不要走線了！

出、入息一直在那裡，

只要清楚、明白它就好。

（二）聆聽寂靜

聆聽一切的寂靜，

一切的寂靜是什麼？

什麼都是寂靜的。聆聽一切的寂靜，

虛空大地，宇宙山河，一切都是寂靜的！

地板、牆、屋子都是寂靜的。

（三）誰在聽？

誰在聽呢？

哪一個人在聽呢？

二、坐禪──斷煩惱

（一）坐禪：為了斷除煩惱、了脫生死。

斷什麼煩惱呢？

心念總是隨境取捨、得失、好壞、對錯。

心念總是隨著境的波動，見色生心、聽聲起想，

心念總是隨著境轉無法停止。

（二）禪修：就是練心。

心不隨著境而轉、不隨著好壞而轉、得失而轉、

美醜而轉。

放下你們的心，

要放下什麼東西呢？

放下一切。

（三）用什麼去放下呢？聽寂靜！

慢慢在聆聽寂靜上產生慣性，習慣於聽，

耳朵呢？就是橋樑。

讓你的心在聆聽。

我們的心
晴空萬里

三、聆聽覺性──覺性在聆聽

（一）聆聽什麼？

聆聽我們的覺性，

我們的覺性在聆聽。

（二）覺性聆聽什麼？

聽有？聽沒有？

覺性在聆聽覺性。

你們在聽這個寂靜的聲音啊！

（三）了然寂靜　安住於寂靜

你們的覺性在聽，

能夠知曉寂靜、了然寂靜、安住於寂靜，

它就不會隨著境相產生流動的心念。

所以，聽就是聆聽自己的這份覺性！

無意的聆聽

用用看

四、修行為了了脫

（一）了脫一切執著、了脫一切的罣礙。

我們罣礙什麼？

貪、瞋、癡；

罣礙貪慾的迷戀、憤恨的熱惱、癡愛的境相。

這就是要放下，要聆聽！

聆聽，放下！

（二）認本還原

我們流浪生死，是因不認識自己的本來、

不認識我們的覺性，

所以流失在一切有、無的現象裡。

所以，認本還原，就是禪修的目的！

什麼是本？聆聽那個聆聽。聆聽什麼？也就是覺照。

（三）聆聽就是覺照！

你們覺照到什麼？

覺照到有？還是沒有？

覺照你們的覺性。

什麼是覺性？能覺之性。

能覺之性是什麼？

有什麼樣的跡象？

什麼東西不能覺？

不能夠覺的，就不是覺性。

你的身體只是一個傀儡、只是一個房子，

這房子裡面住了什麼？

覺性。

你看房子，還是覺性？

或者，覺性跟房子全部聆聽呢？

五、誰在聆聽？

（一）聆聽的是誰？

你們聚精會神地聆聽，這是有形？有相嗎？

你們正在聽的這個，有什麼形象？

沒有形象，你怎麼聽？

覺性就是清楚、明白，無形無相，無頭無尾。

就僅是聆聽。

修行一直需要這個橋樑，

聆聽跟你的覺性做好的互動，

聆聽寂靜。

互動……

聆聽……

寂靜。

（二）活著　要搞懂自己

人生那麼無常，

不管老、少都在無常的生命裡，

會怕死、怕沒有、怕不知道……

所以，活著時，就要能夠明白自己、認識自己、

清楚自己、搞懂自己。

（三）自己　是什麼？

自己是四大，地、水、火、風？

堅硬的骨頭是自己嗎？

流動的血液是自己嗎？

溫暖的體熱是自己嗎？

一呼一吸中是自己嗎？

哪一個是你？

沒有一個是自己。

所謂自己，叫做我相、人相、眾生相、壽者相？

這些相，是無常相，都是變化無常了不可得的。

六、什麼是永恆？

（一）找到真實的自己，就是永恆

永恆就是我們的本來面目。

什麼是本來面目？

指的是父母沒有生下我們以前，

我們還沒有任何造型，

這個未曾有造型的，就叫本來面目。

（二）萬法唯心造

父母生了以後，我們有了造型，

因為業力的關係，

隨著個人的福德因緣不一樣，變成不同的造型，

千千萬萬的造型，都是唯心所造、唯識所顯，

這些造型如夢幻、如泡影，如露、亦如電。

（三）真正離苦得樂

禪宗說：「涅槃妙心，實相無相。」

大家要好好地聆聽，

聆聽你們本來的面目，

聆聽你們所擁有的覺性，

你們常常在覺性裡面打混，有沒有？

可能連有沒有也不知不覺！

這要靠禪修，

不斷地禪修，

不斷地警惕、覺醒，

回到覺性的本來，

才能真正離苦得樂。

七、寂靜修：聽！隻手之聲

耳朵聽東西很自然！

我們天天在聽風吹草動，但就是聽不到自己的覺性，

不用誰告訴你，就可以聽得到的，那是什麼聲音？

那是什麼？

是火車的聲音、講話的聲音、

男人的聲音、女人的聲音？

那是自己對自己，主動能聽的那個。

寂靜修是一種引導，

引導你能夠聆聽，

引導你聽到內在，

從見聞覺知裡返照，返照回來聆聽，

聆聽──聽是本能。

根、塵、識──

耳根是一種本能，

聲塵是耳朵所聽到的外在聲音，

耳識是分別，

要無分別地聽，

離開見、聞、覺、知去聆聽，

什麼是寂靜？

安靜的聲音。

安靜的聲音是什麼？

拍手是有聲，你聽到了。

一隻手的聲音，沒聽到聲音？這就是寂靜之聲，

聆聽寂靜，聽沒有聲音的聲音，隻手之聲。

有位小沙彌，每次信徒向老和尚問佛法，老和尚舉起手指，信徒就作揖感恩，表示意會。老和尚出門多日，信徒來寺請益，小沙彌也如法，這樣舉起手指，老和尚返寺問沙彌：「信徒來問法，你怎麼表示？」小沙彌剎那舉起手指，和尚馬上將手指剪掉，小沙彌哭疼得跑出去，和尚大聲問：「什麼是佛法？」小沙彌習慣舉起已被剪斷的手指……，看到無！開悟了！開悟什麼？

聽法，聽寂靜之聲。什麼是寂靜之聲？

安靜地聆聽。

為了斷煩惱、了脫生死、找到真理，所以聆聽。

什麼東西在生死？

耳朵自然而然地聽，聽就是聽，沒有分別心地聽，

動念即乖，遠離分別意識，一動念就不對了。

聽——無分別智，

耳朵聆聽，寂靜之聲，

沒有意識的作用。

歇即菩提，讓你的心歇，

休歇即是菩提，休歇你的心，

聽時，放下地聽，

安靜地聽，放下地聽，不作意地聽。

肆、譬喻集

一、心情

我們的心情像雲霧、河川一樣，

有時會阻塞，流動得非常地緩慢，甚至不動，

不流動的時候就會苦悶，

苦悶的時候就叫無明。

當我們習慣於無明的時候，

就一直想沉醉在這泥雲裡面，溺在裡面；

譬如說，有的人喜歡沉醉在憂愁裡面，

有的人喜歡沉醉在喜樂裡面，

還有的人喜歡沉醉在自我的想法裡面，

這些都是習氣。

如此，自性的光明、心靈的活躍，就會受到影響；

所以，我們要常常讓心靈活躍，

不要受到任何的事、物、情緒影響，

常常要遠離這些無明，

如果把無明的習氣培養成生活中的習慣，

就會形成生死輪迴的業力。

二、風吹草動

風吹草動是自然的現象；

但是，草有根，所以風再怎麼大，

有根的草再怎麼晃，也不會改變。

我們的內心隨時會製造煩惱，

如果，我們能讓它們自然流過，

就像風吹過後，就不需要覺得煩了，

草依然是草。

三、蝴蝶與房子

外面的月兒很明亮，夜空非常寧靜，

一隻蝴蝶就這樣飛、飛、飛，飛過去了，

我們的妄想也就這樣子，飛飛飛……飛過去了！

我們的心就像這個房子，

蝴蝶就像腦子裡轉來轉去的妄想，

當妄念像蝴蝶一樣飛走了，

就跟這空房子沒有一點關係了；

但是我們的心，經常不放過這蝴蝶，

隨著善惡、好壞、情感而起舞，就形成了業緣果報，

但是，這蝴蝶飛呀飛，

事實上跟這個心的屋子毫不相干。

四、清淨大傘

心淨，國土淨。

念頭清淨，接觸我們的人都會清淨；

念頭紛擾、苦惱、糊塗、愚癡，

就會得到瞋恨與紛爭。

我們不轉變，它就是一個因果的變化；

我們轉化它，它就是一個清淨的顯現。

就像下雨撐傘一樣，傘越大越擋得住雨，

清淨的念頭像大傘，可以擋住任何煩惱業障。

五、上蒼給我們最好的禮物——煩惱

生活中有許多無可避免的摩擦，

重要的是要如何處理。

首先要處理我們的貪瞋癡三毒。

處理三毒有三個步驟：止息、消化、慈悲心。

第一是止息我們的貪瞋癡，

第二是消化它們，

第三是生起慈悲心。

生活中的修行就是在轉禍成福，要有修養、

要包容、要消化，才能把壞的轉化成好的。

上蒼給我們最好的禮物是什麼？就是煩惱。

從煩惱中我們淬鍊出真實的智慧。

六、觀念的牢籠

我們總是製造太多想法與執著綁住自己的心，

就像牛被扣上鼻環牽著走一樣，不自由。

誰讓我們不自由？是自己！

觀念是牢籠，想法多牢籠也多，演變出很多習氣，

讓自己叫苦連天。

我們要學習自我解套，

看清楚的生命就是解脫的生命；

迷惑的生命，就是業力與輪迴的生命。

唯有降伏自心，才能通達自在，

修行就是為了卸除內心枷鎖，讓心自由。

我們能夠隨時隨地降伏自己，就是最快樂的人，

就是贏家，

但是若總想降伏別人，那就是輸家。

讓我們以空性的智慧降伏自心、觀照自心、

丟掉束縛，讓心自在。

七、心的飛機場

禪修,就是攝心一境,

把到處飛的心,慢慢地牽回來,

就像導航,

引導到處飛的飛機停在飛機場上。

我們的心像飛機,

一彈指時間內就有九十幾個念頭,

所以心念很快,很亂、很煩雜。

我們要慢慢地讓那九十幾個念頭,

都停在心的飛機場,

把念頭停泊在心這裡,這就是禪。

八、觀自在

生活中，為什麼會不自在？

因為觸緣生心，生了許多妄相、執著、是非、

得失的心，這些心讓我們不自在。

所以我們要攝心觀照，觀照心何處不自在、不解脫？

不解脫的東西是心？還是物？

心物都解脫時，就自在了。

觀照的目的是讓心自在，攝心的目的是讓心念專一，

而能夠達到「觀自在」。

自在

放得下
的天空

九、般若貓

生活中，般若觀照很重要，

觀照到最後，相對的念頭會被化掉，

沒有相對就不會生煩惱。

因為我們修行得不夠，所以才會起相對的念頭。

如果我們一直觀照下去，

就會對有為的現象產生懷疑，

也會溶解我們無始以來執著的心。

般若能減輕執著度，如果觀照力更強，

就如同貓出來時老鼠就不見，

只要般若貓一出現，煩惱鼠馬上躲起來！

所以每個人都要把般若貓找出來。

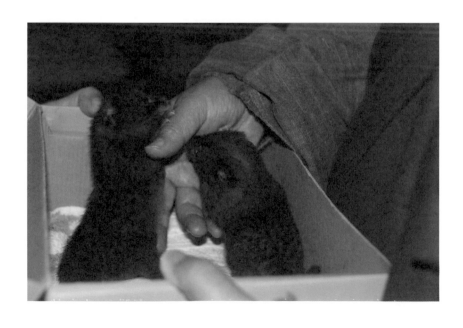

十、般若攪碎機

用般若看有、無、真、假、好、壞、是、非，

讓它們進入攪碎機。

學佛不是去看一切的好好壞壞，這都只是因緣果報。

修行要離二邊，才能不欠有的債、無的債、假的債、

真的債、對的債和錯的債，

如果一直在對立的二邊上面用功，就不是佛法。

如是因、如是果，只要做就有效果。

要解脫當下，就必須做到不落相對的二邊。

十一、布施空性的愛

般若就是要觀照，才會跟涅槃相應，

開啟我們的微妙法門。

般若就是常常觀照色即是空，這就是修行、

就是智慧解脫；

而空即是色，則是累積資糧，

從空性中生起菩提心，把空性的愛布施給一切眾生，

讓眾生都能到解脫彼岸。

所以，我們要常常轉化自己，

讓每個人都可以覺悟、放下。

空即是色，色即是空，色空不二，福慧也是不二。

十二、「空」胃袋

般若的道理，就是生活的道理。

在生活中，把「空」當作一個大胃袋，

一切的現象是食物，

讓空把一切的現象都吞食掉，變成營養。

般若法門就是吞食一切的「有」，

變成色即是空，空即是色，

變成空有不二的真空妙有。

十三、息心

禪，就是「息」法，息一切的貪瞋癡、

妄想執著、舉心動念。

息是放，放下；

是捨，丟掉任何執著的心，一切念都能捨。

息也是寧靜，息滅妄想以後，心就寧靜，

寧靜而致遠，致遠就能夠有智慧。

無生就是息，息心！

息一切的心，就是禪，也就是一切心不生。

十四、修行像飛機進入軌道

如果願力能夠生起，配合行為與思想，

就可以平穩地走這條成佛之道。

修行，就像飛機進入軌道，經常會遇到亂流，

因不穩定而震動，甚至失事墜落；

在我們未成佛以前，一定要選擇一條讓身心平衡，

不被妄念亂流所干擾的安定之道。

生活中，時時刻刻都要運用佛法，

趨往離苦得樂的彼岸；

否則，我們就會顛倒、無明，造就輪迴的根。

十五、情緒的捕手

世間的種種都是無常、短暫，

如幻、如影、如電、如霧、如泡，

我們常作如是觀，心就會離相；

不作此觀照，生活中就會起貪瞋癡，

開始發脾氣、製造困擾。

發脾氣就是在互相糾纏、攪拌，

下輩子再輪迴，同樣是盲目、錯亂、困擾、糾纏，

這就是感情與情緒的結果，就叫做業障。

師父天天跟大家講般若，般若就是消化煩惱的利器、

捕捉煩惱的網子，

這就是修行，而我們就是捕手！

十六、住般若房

一切法離開般若就不是佛法，

修行之人，行住坐臥都要在般若上：

睡般若床、坐般若墊、住般若房。

修法要養成慣性，沒養成慣性，修任何法都一樣；

要花時間去磨、去練、去抓，然後才能習慣，

就會專心。

煩惱是一種「覺」的方法。有時，

不煩惱也是我們的無明相，我們要去覺觀。

觀照是一種修行，我們要養成隨時覺觀的習慣，

觀久了就入實相，

觀照到實相就無修、無證、無得、無念。

煩惱與困擾是修行的加持，

提醒著我們要加緊修行腳步，

就像每天咕咕咕地叫我們起床的公雞一樣，

勤勞而醒覺。

十七、清淨轉換劑

學佛就是以戒定慧來轉識成智：

戒是清淨一切種子的轉換劑，

從誦戒、持戒當中開始轉換意識中的種子。

禪定是做與一切種子不相應的工作，

當各種種子出現，不與它相應，

能夠冷落一切的發生，

明亮寂靜的心就會慢慢地顯出，

我們就能回歸到清淨覺性。

什麼是智慧？就是覺性。

三學就是要從戒轉識，從定去冷落各種的種子，

從智慧觀照覺性，讓一切現象變成光明。

十八、心的工作室

禪就是心，心就是宇宙。

心有相嗎？心有一個房子叫做心臟，

心臟是心的工作室，心指揮一切，但心不是心臟。

心如明鏡，照到什麼，就會映出什麼；

沒有心，就看不見一切。

我們內在思維想法，因為已經習慣「有」，

習慣視假為真，把辦公室當作主人，

所以時常擋住沒有障礙的心性，變成煩惱的來源，

這就要用空性才能化解。

十九、學太陽普照大地

學佛的人要像太陽,用無私的光芒,普照一切眾生。

太陽會去訴說它無奈、疲勞嗎?

太陽一直是光亮、無私的,佛法比陽光還要亮。

佛法中最重要的就是發菩提心,

發菩提心是要培養的,

精進不懈怠地長養慈悲心、覺醒的力量,

要像太陽普照大地般,變成大家的依歸處。

二十、生命的養分

學佛是為了離苦得樂，如何離苦得樂？

一是透過禪修，從轉化煩惱中離苦；

一是要有慈悲，福祉自己也福祉別人，這叫做願力。

願力就是要累積福、慧二資糧，沒有做慈悲的事情，

就沒辦法累積資糧。

資糧是什麼？就是生命的養分；

我們的生命如果沒有養分，就沒有人緣，

也就找不到快樂。

生命的快樂來自我們的愛心，沒有愛心，就沒有快樂；

如果能用愛心灌溉一切眾生，就會是世界上最快樂的人。

學習佛陀的愛心，能讓我們長智慧、長慈悲，

對一切眾生，做慈悲與智慧的事，

我們就能天天快樂、有福氣，

慢慢耕耘，把慈悲跟智慧遍滿在有限生命中，

開發未來無盡的生命。

二十一、掃廁所、掃心境

如果自己沒辦法控制自己，也沒辦法管理自己，

而任其自由的話，怎能稱得上是在「修行」呢？

所以我們要真心面對自己、真心面對自己所做的事情。

比方說掃廁所的時候，廁所如果不乾淨，

就要把它打掃乾淨，不能馬馬虎虎地應付；

而修行就像掃廁所一樣，時時刻刻要面對自己，

把自己的心弄乾淨。

所以，做任何一件事情，包括掃廁所也是修行，

在做的時候老老實實地面對自己，

看看自己的起心動念；

盡心盡力地做好一件事，就是對自己負責任。

流水看心

心自是何物？

二十二、般若家

風平浪靜的時候，就要常常觀照，

將觀照當作日常用品；

觀照就是般若、般若就是諸法空相。

修習般若，

一切的「有」就會消失、終止，

一切的「無」也會消失、終止；

般若讓我們回到實性的地方去。

所以要把般若當作家，把覺性當作主人，

生活在般若的家中，才能觀照到覺性，

覺性的主人才會在家；

如果沒有用般若去觀照，

覺性的主人，就不曉得會流浪到哪裡去了。

所以我們要顧好這個家，才能夠找到這個主人。

伍、問答集

（一）出世法

師父應邀參加禪修研討，於會中為大眾傳授禪法。

弟子問：「您所說的禪和禪宗惠能大師的禪，是一回事還是二回事呢？」

師父答：「一回事。只是有入世跟出世二種說法；我剛剛講的是入世法，如果是出世的話，禪是不立文字，那就什麼都不用說！所以跟六祖的禪都是同一回事。禪就是大愛，我們要讓佛光遍照一切處，讓一切處都是禪，所以只要是禪，沒有說我在哪裡、不在哪裡；禪哪裡都在，也哪裡都不在。」

（二）平常心

弟子問：「我們每天必須要為企業、個人與家人的生存，承擔很多壓力，我曾想要靜坐，讓自己的心安定下來，但是做不到，請問師父如何定心？」

師父答：「平常心。我現在的工作，接觸形形色色的人都不會比你少，壓力也不會比較小，但是我仍將該做的事做完，並且盡心盡力將事情做好，這是因為我天天用寧靜、樸實、簡單的平常心來面對任何事情。」

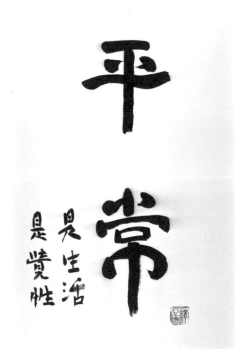

（三）學禪要靠自己

弟子問：「我修禪已經三十多年了，我身邊的人都有開悟的經驗，可是我卻一直沒有這種經驗，這讓我感到很沮喪。師父您看我開悟了嗎？」

師父答：「那你把你的開悟表示給我看看，但不能用語言文字。」

弟子當下伸出一根手指。

師父說：「這不算，這是別人已經用過的了，你要用自己的方式。」

師父接著慈悲地說：「其實如果找到一個修法，很有信心而且精進地修下去，這就是開悟的第一關」。

（四）無就是放下、不執著

弟子問：「我修禪修了三十年，就修一個『無』。」

師父反問：「這三十年發生什麼事情？」

弟子答：「發生很多事。」

回答此句之後，弟子恍然而笑，因為既然修「無」，怎麼還會知道或還認為是「發生很多事」呢？

師父開示說：「應該都沒有事，『無』的意思就是不管發生什麼事，都不去執著。」

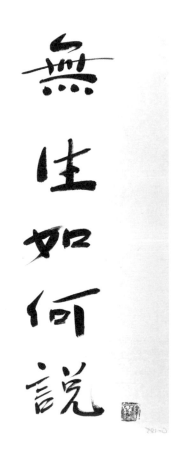

（五）超越生滅才是解脫

弟子問：「我修禪修了三十年，並從生活中領悟了一個呼吸法，我觀察我的小孫女，發現人生的第一口氣是『吸』，所以『吸』就是『生』；而觀察臨終者發現，人最後一口氣是『呼』出來，所以『呼』就是死，是滅。所以我看透生死，對死已經無所畏懼，我只是好奇想請問師父，我死後會去哪裡？」

師父答：「你會問這個問題，是因為你觀察的只是表象，生滅只是一種表現，不是究竟的，你要看到那個不會生滅的，才能找到真正的解脫。」

（六）對面是誰？

一個老弟子與師父獨參，她一坐定在師父對面後，就直接問師父說：「對面這個人是誰？」

師父答：「我也不認識，因為沒有眼、耳、鼻、舌、身、意。」

（七）慈悲是打坐的三摩地

弟子問：「禪修讓我內心寧靜、喜悅，但是外在有太多的紛擾、對立以及不公平的事，我該停止打坐去幫助他們嗎？」

師父答：「禪的修行是在生活中，眾生是我們生活的環境。慈悲是打坐的三摩地。」

（八）歌廳的靜

弟子問：「什麼是寂靜的聲音？」

師父答：「寂靜的聲音就是到了歌廳也不會吵的聲音，因為一切的聲音都是寂靜的。」

（九）心的太陽

弟子問：「聽過一種禪宗的說法，什麼都不做，心的太陽就會跑出來？」

師父答：「心本是無為，在無為中顯現心的本來、心的面貌。心被種種的有為法所障礙，無為就是不去作用、不去分別。我們一天二十四小時，時時讓心無為，心的太陽就自然顯現出來。」

（十）生活禪

弟子問：「禪宗一方面要我們生活中的行、住、坐、臥，做任何事都要專一，認真在行、住、坐、臥中；但是參話頭又要我們無時無地不在話頭中，請問這樣的話，生活中如何參話頭？」

師父答：「生活跟話頭是沒有差別，所有的一切通通是在無差別裡面，生活依舊是生活，它跟話頭合在一起。」

（十一）禪的愛

弟子問：「如果對眾生光只有愛心，會出問題的，所以還要有耐心跟勇敢？」

師父答：「愛心就像媽媽一樣。我們要像媽媽一樣愛所有的眾生，因為母愛，所以我們會不顧生命地保護他們。眾生是我們生命互動的地方，因為愛心滋養了生命。愛心就像陽光、空氣、水，讓一切生長，但又不是刻意如此，而是單純地對待每一個眾生。」

（十二）快樂的慈悲

弟子問：「如何真心的慈悲，而非只是個概念或教條？」

師父答：「要坐禪。慈悲是快樂的，並不是負擔，有了負擔，就不是真的慈悲、真的快樂。禪修會讓人進入快樂、進入物我合一，無緣同體才是真正的慈悲。」

（十三）狗子有佛性

經過連續多日繁忙的工作，弟子終於忍不住向師父抱

怨：「最近事情實在太多，累得像條狗一樣！」

弟子望著師父，心中期待獲得師父些許的鼓勵。

師父望著弟子，直問：「狗子有佛性嗎？」

眾弟子莞爾！

（十四）晴空月明

晚間，幾位弟子隨著師父，從羅漢步道，走上開山聖
殿，仰望天空。

師父問眾弟子：「你們看到什麼？」

其中一位弟子答道：「看到工作、壓力、煩惱，一堆
想法。」

之後，一片寂然，大地蟲鳴。

弟子反問師父：「您看到什麼？」

師父答：「晴空月明。」

國家圖書館出版品預行編目(CIP)資料

靈鷲山30週年山誌. 宗師法教篇 / 靈鷲山教育院彙編
-- 初版.-- 新北市：靈鷲山般若出版, 2013.07
面； 公分
ISBN 978-986-6324-53-6(精裝)
1.靈鷲山佛教教團 2.佛教團體
220.6   102011351

靈鷲山30週年山誌/宗師法教篇

開山和尚 / 釋心道

總策劃 / 釋了意

彙編 / 靈鷲山教育院

圖片提供 / 靈鷲山攝影志工

發行人 / 歐陽慕親

出版發行 / 財團法人靈鷲山般若文教基金會附設出版社

地址 / 23444新北市永和區保生路2號21樓

電話 / （02）2232-1008

傳真 / （02）2232-1010

網址 / www.093books.com.tw

讀者信箱 / books@ljm.org.tw

法律顧問 / 永然聯合法律事務所

印刷 / 皇城廣告印刷事業股份有限公司

初版一刷 / 2013年7月

定價 / 新臺幣1800元（一套六冊）

ISBN / 978-986-6324-53-6（精裝）